Conta de novo

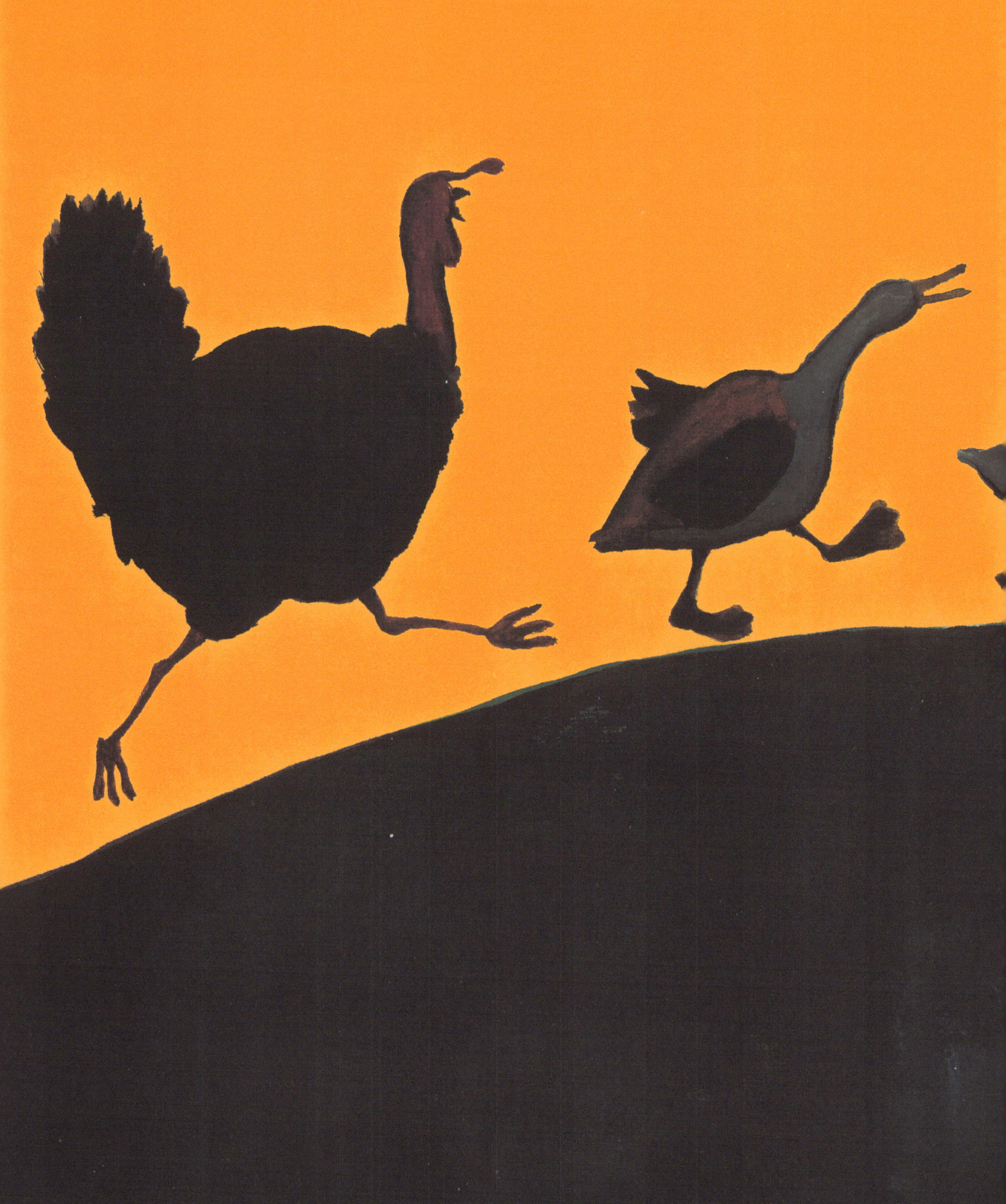

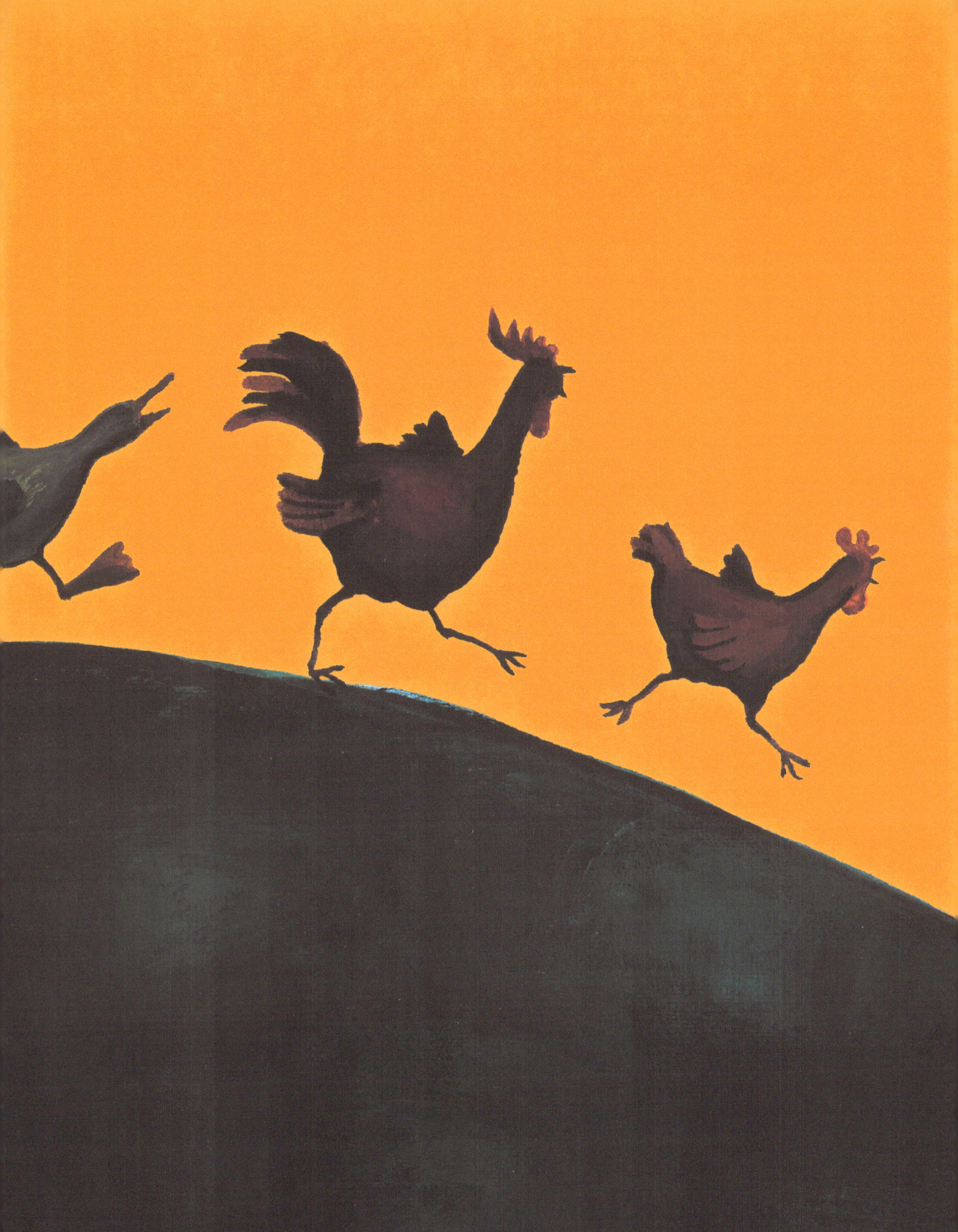

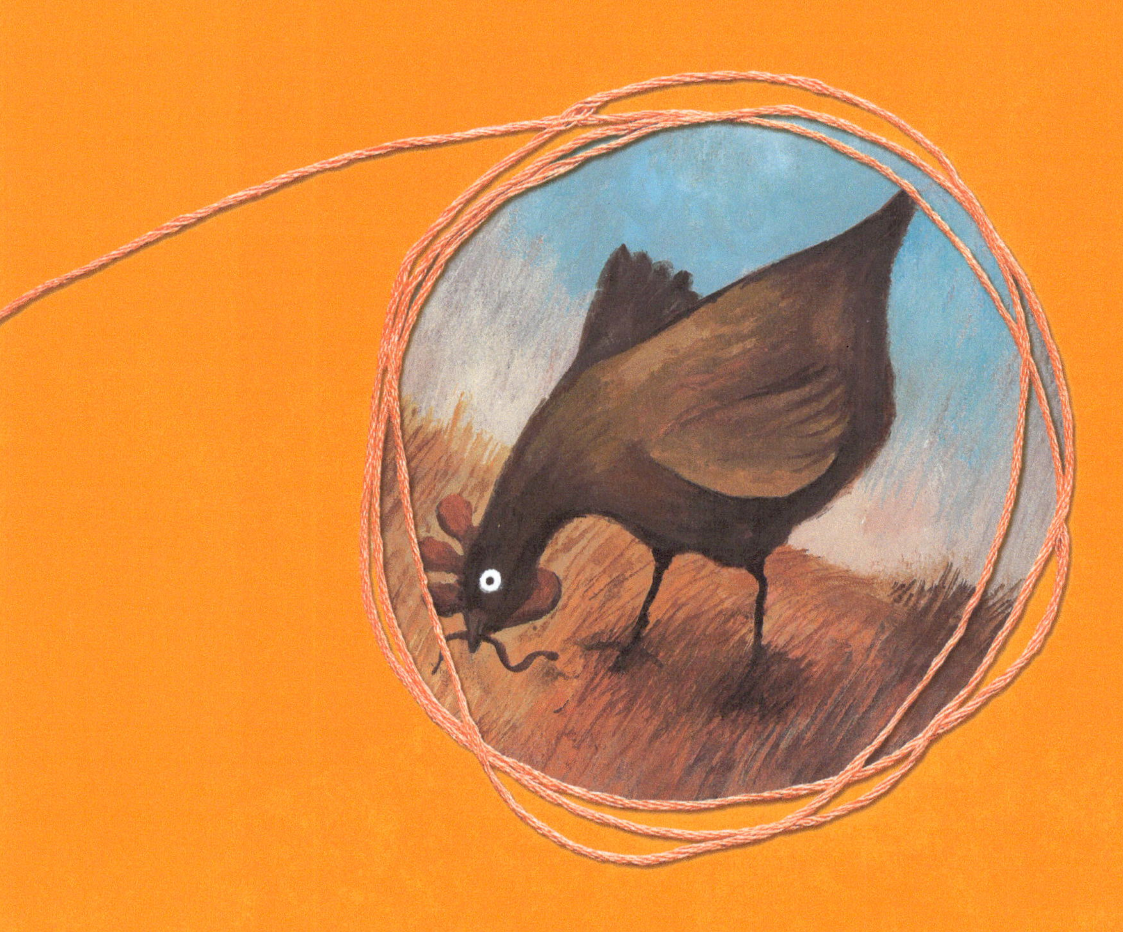

Ana Maria Machado

Pimenta no cocuruto

ilustrações ☼ Roberto Weigand

São Paulo - 2003

FTD

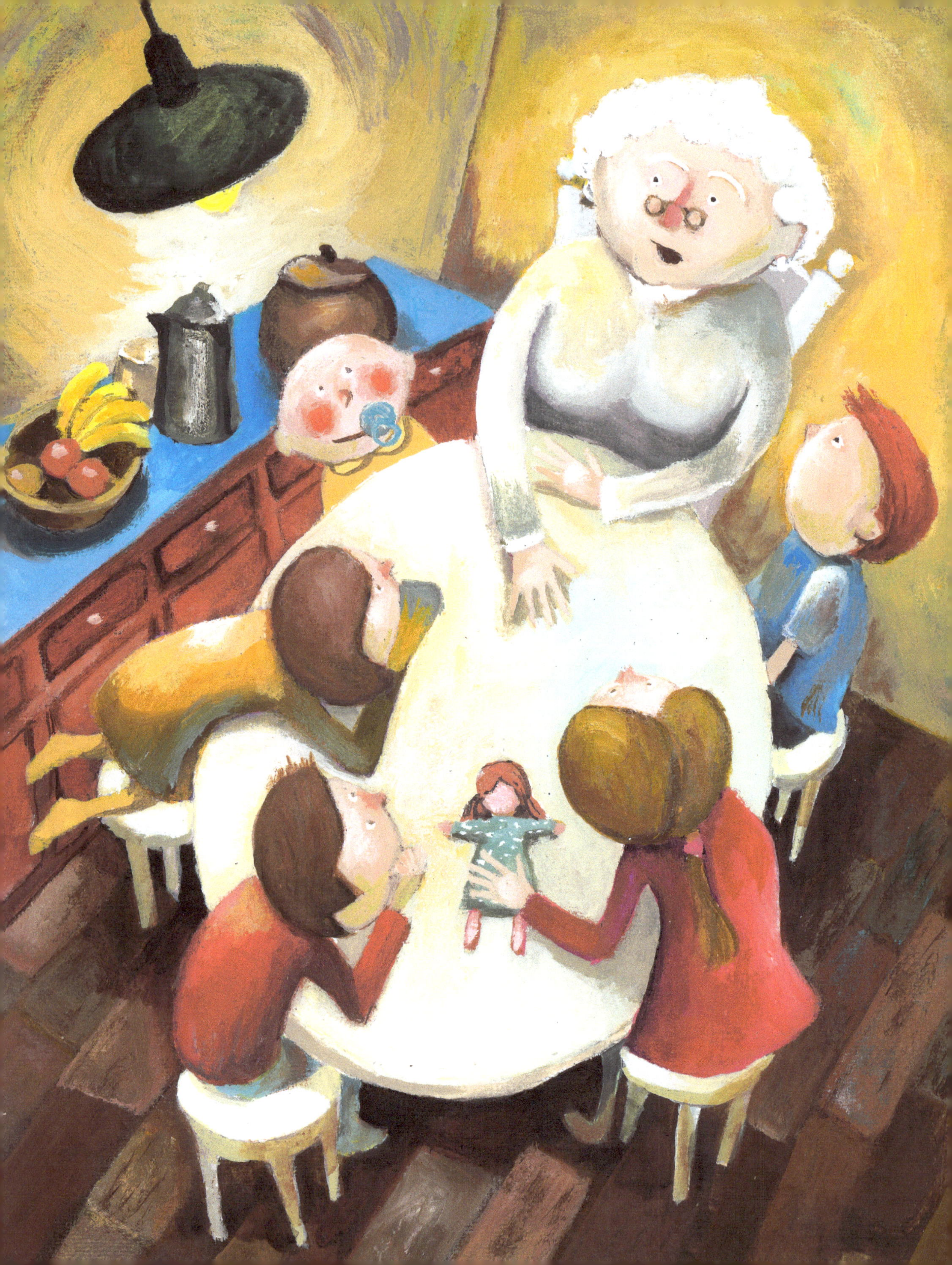

Esta é uma história que eu conto, mas não sei quem inventou. Quem me contava era minha avó, quando eu era bem pequena. E antes, quem contava para ela era a avó dela. E eu passo adiante para ninguém esquecer, porque isso ia ser uma pena.

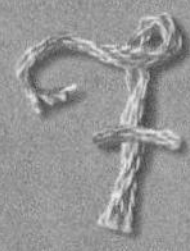

Era uma vez uma galinha que estava ciscando no terreiro, catando no chão alguma minhoca perdida ou qualquer coisa para comer. Não era muito esperta, e se assustava à toa, como você logo vai ver.

Pois bem, um dia ela estava ciscando debaixo da pimenteira e, de repente, caiu uma pimenta bem no alto da cabeça dela, bem no cocuruto. Ela levou um susto danado e saiu correndo.

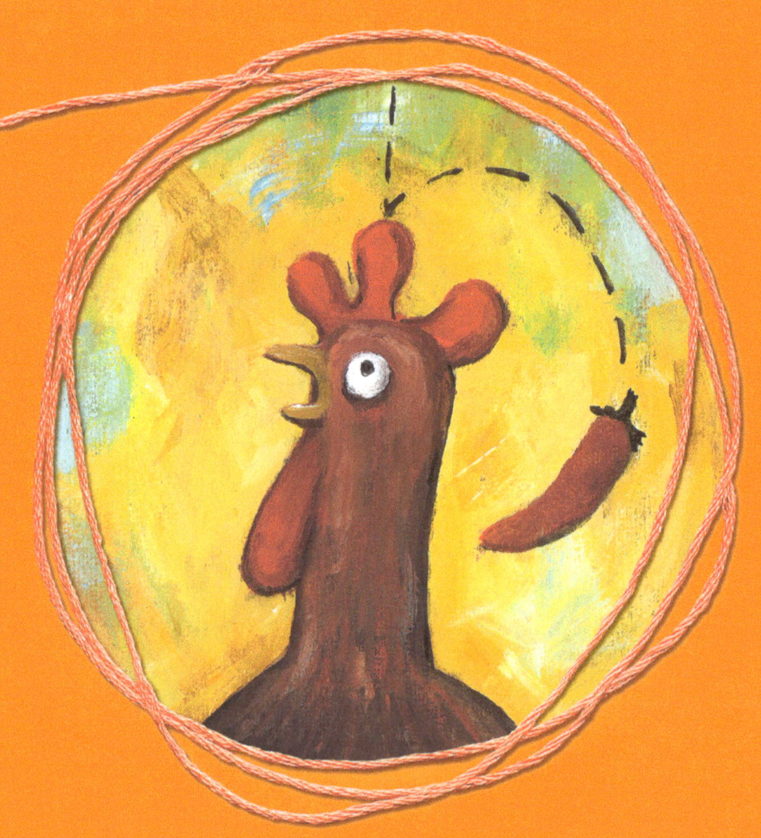

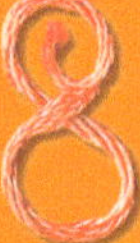

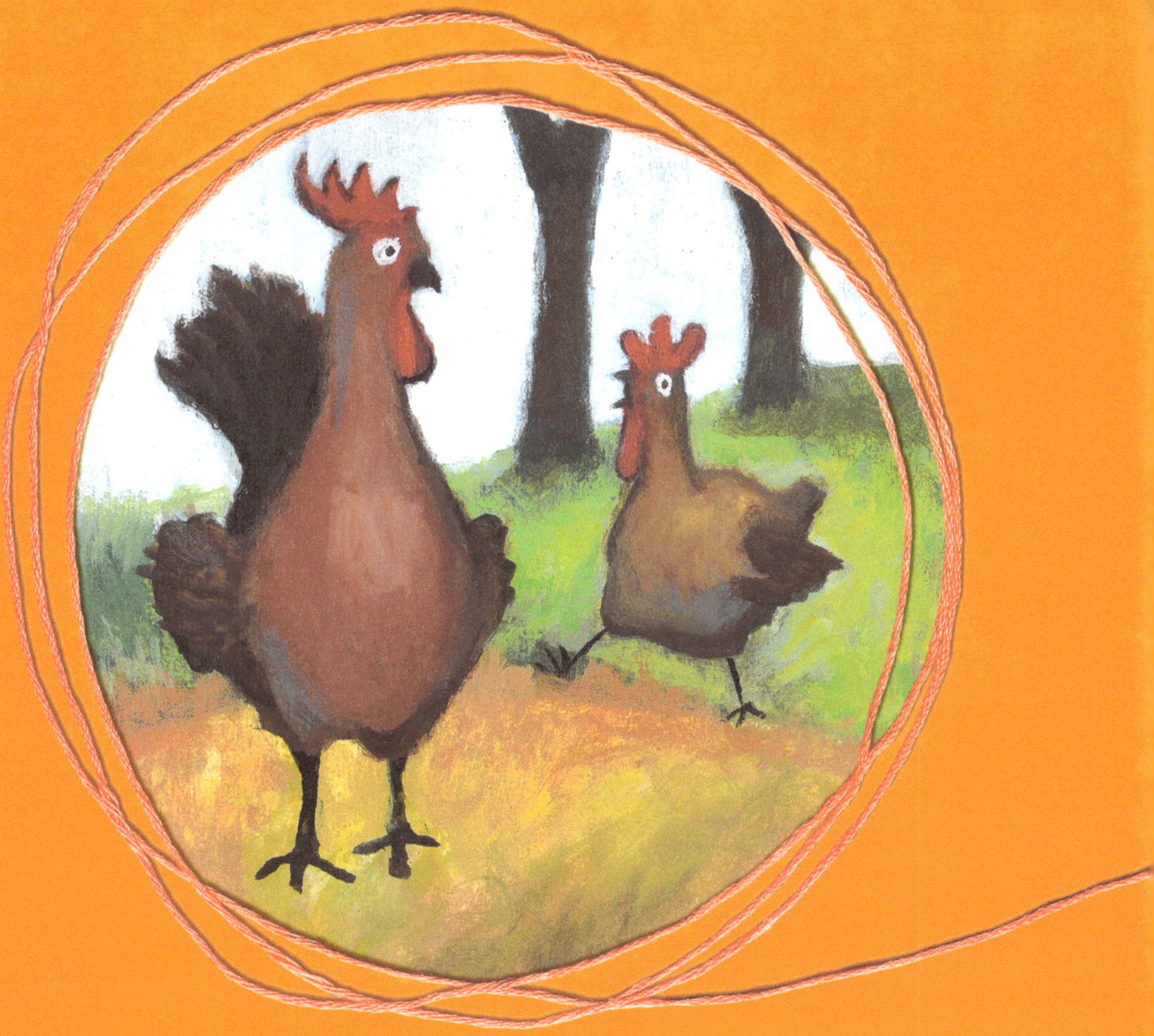

Quase esbarrou no galo e foi logo gritando:

– Corre, corre, compadre galo, que o mundo vai se acabar!

– Quem foi que lhe disse, comadre galinha?

– Quem me disse foi meu cocuruto
que tudo adivinha.

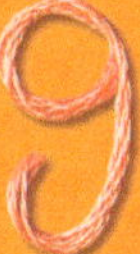

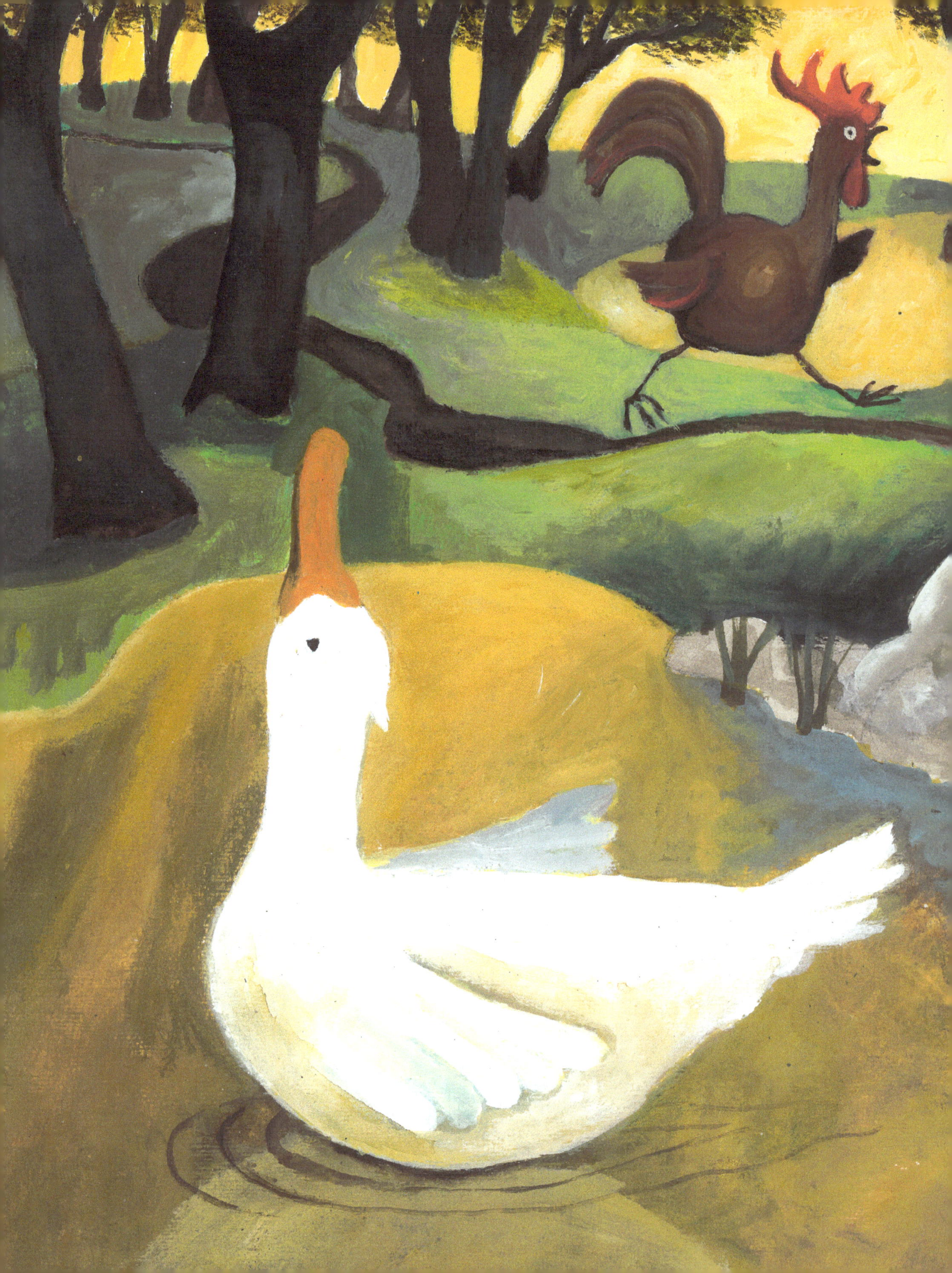

O galo saiu correndo. Logo adiante encontrou o pato e avisou:

– Corre, corre, compadre pato, que o mundo vai se acabar!

– Quem foi que lhe disse, compadre galo?

– Quem me disse foi a comadre galinha,
quem disse à comadre galinha foi seu cocuruto
que tudo adivinha.

O pato saiu correndo. Logo adiante encontrou o marreco e avisou:

– Corre, corre, compadre marreco, que o mundo vai se acabar!

– Quem foi que lhe disse, compadre pato?

– Quem me disse foi compadre galo,
quem disse a compadre galo foi comadre galinha,
quem disse a comadre galinha foi seu cocuruto
que tudo adivinha.

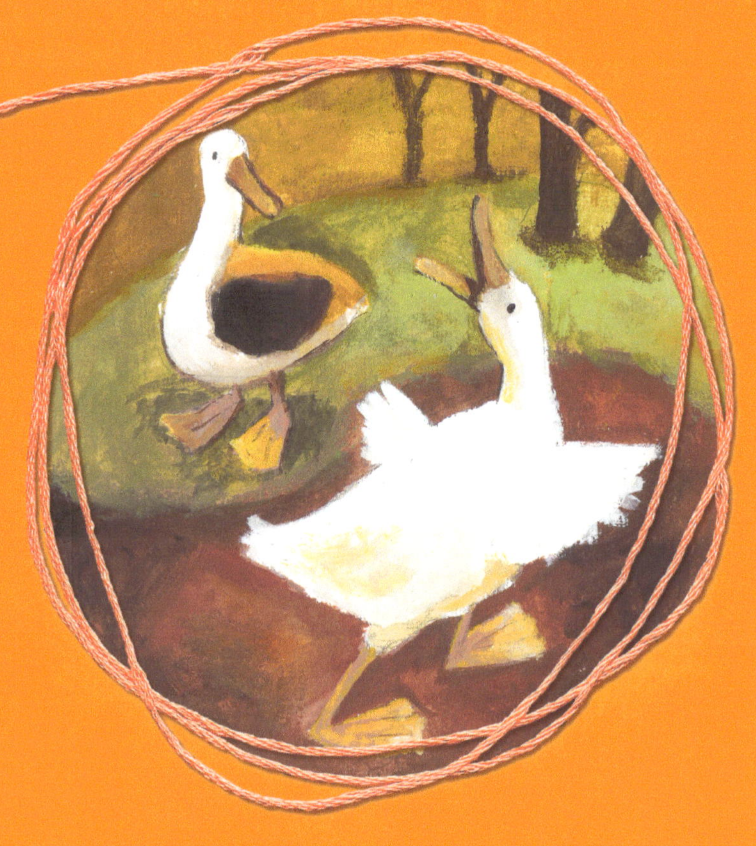

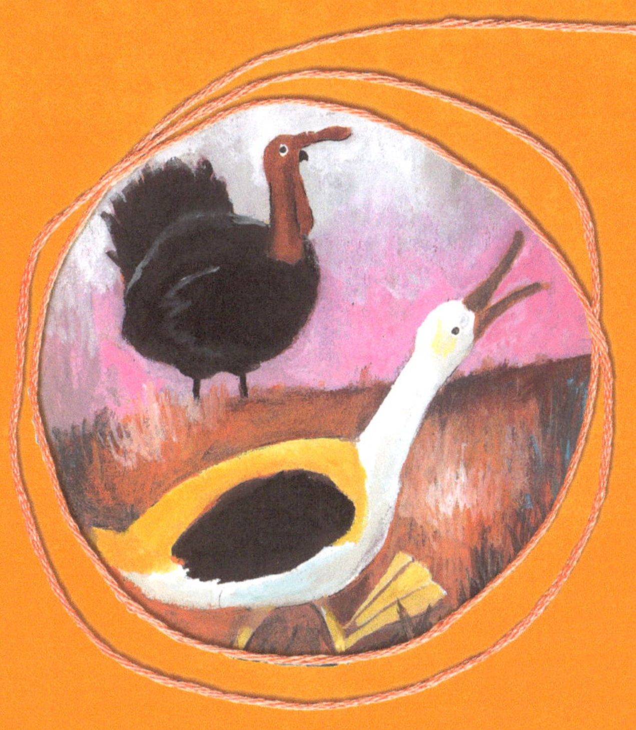

O marreco saiu correndo. Logo adiante encontrou o peru e avisou:

– Corre, corre, compadre peru, que o mundo vai se acabar!

– Quem foi que lhe disse, compadre marreco?

– Quem me disse foi compadre pato,
quem disse a compadre pato foi compadre galo,
quem disse a compadre galo foi comadre galinha,
quem disse a comadre galinha foi seu cocuruto
que tudo adivinha.

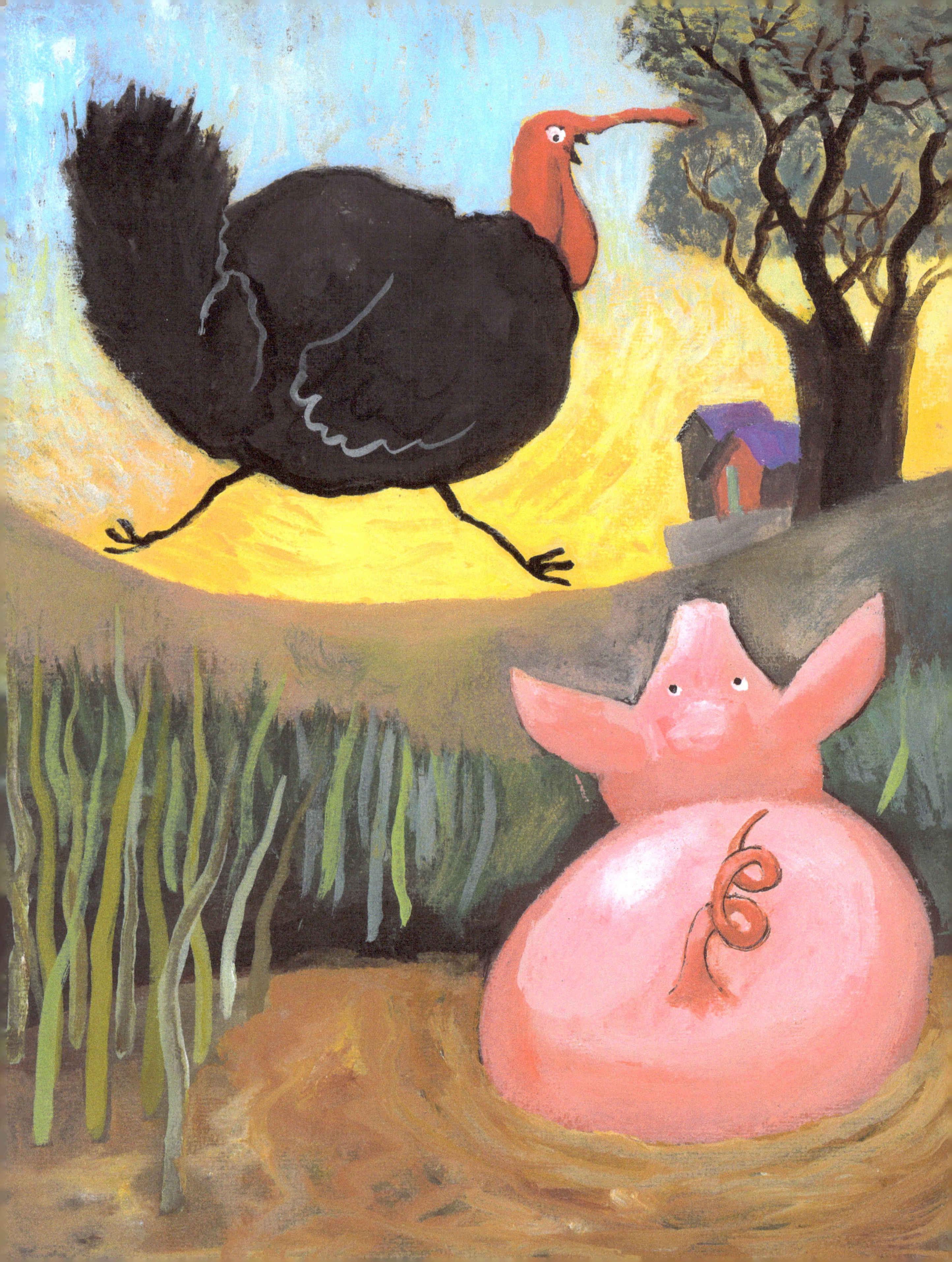

O peru saiu correndo. Logo adiante encontrou o porco e avisou:

– Corre, corre, compadre porco, que o mundo vai se acabar!

– Quem foi que lhe disse, compadre peru?

– Quem me disse foi compadre marreco,
quem disse a compadre marreco foi compadre pato,
quem disse a compadre pato foi compadre galo,
quem disse a compadre galo foi comadre galinha,
quem disse a comadre galinha foi seu cocuruto
que tudo adivinha.

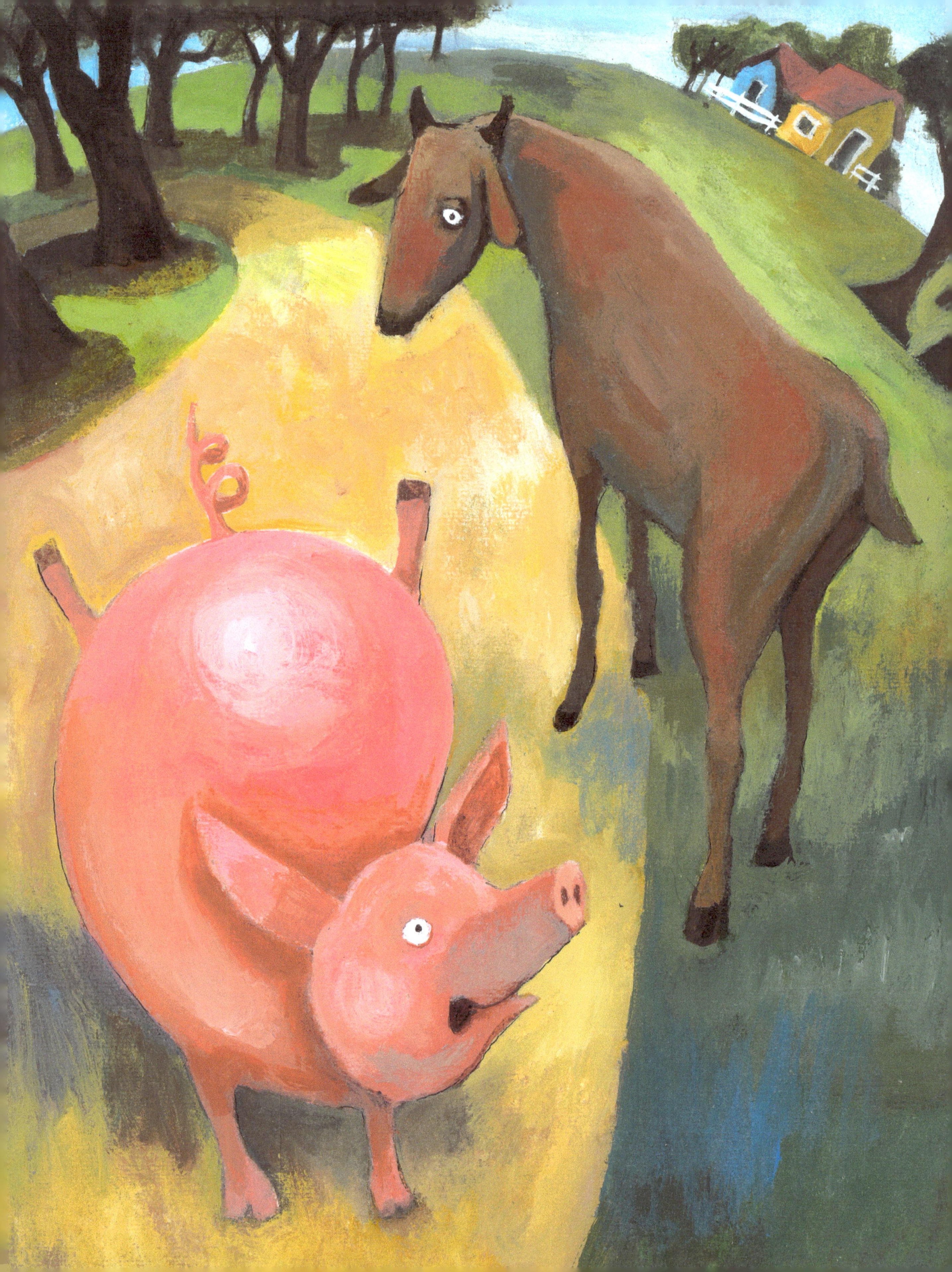

O porco saiu correndo. Logo adiante encontrou a cabra e avisou:

– Corre, corre, comadre cabra, que o mundo vai se acabar!

– Quem foi que lhe disse, compadre porco?

– Quem me disse foi compadre peru,
quem disse a compadre peru foi compadre marreco,
quem disse a compadre marreco foi compadre pato,
quem disse a compadre pato foi compadre galo,
quem disse a compadre galo foi comadre galinha,
quem disse a comadre galinha foi seu cocuruto
que tudo adivinha.

A cabra saiu correndo. Logo adiante
encontrou o cachorro e passou o aviso para ele,
que passou para o gato, que passou para o papagaio,
que passou para a vaca, que passou para o cavalo,
que passou para a pomba, que passou para a andorinha.

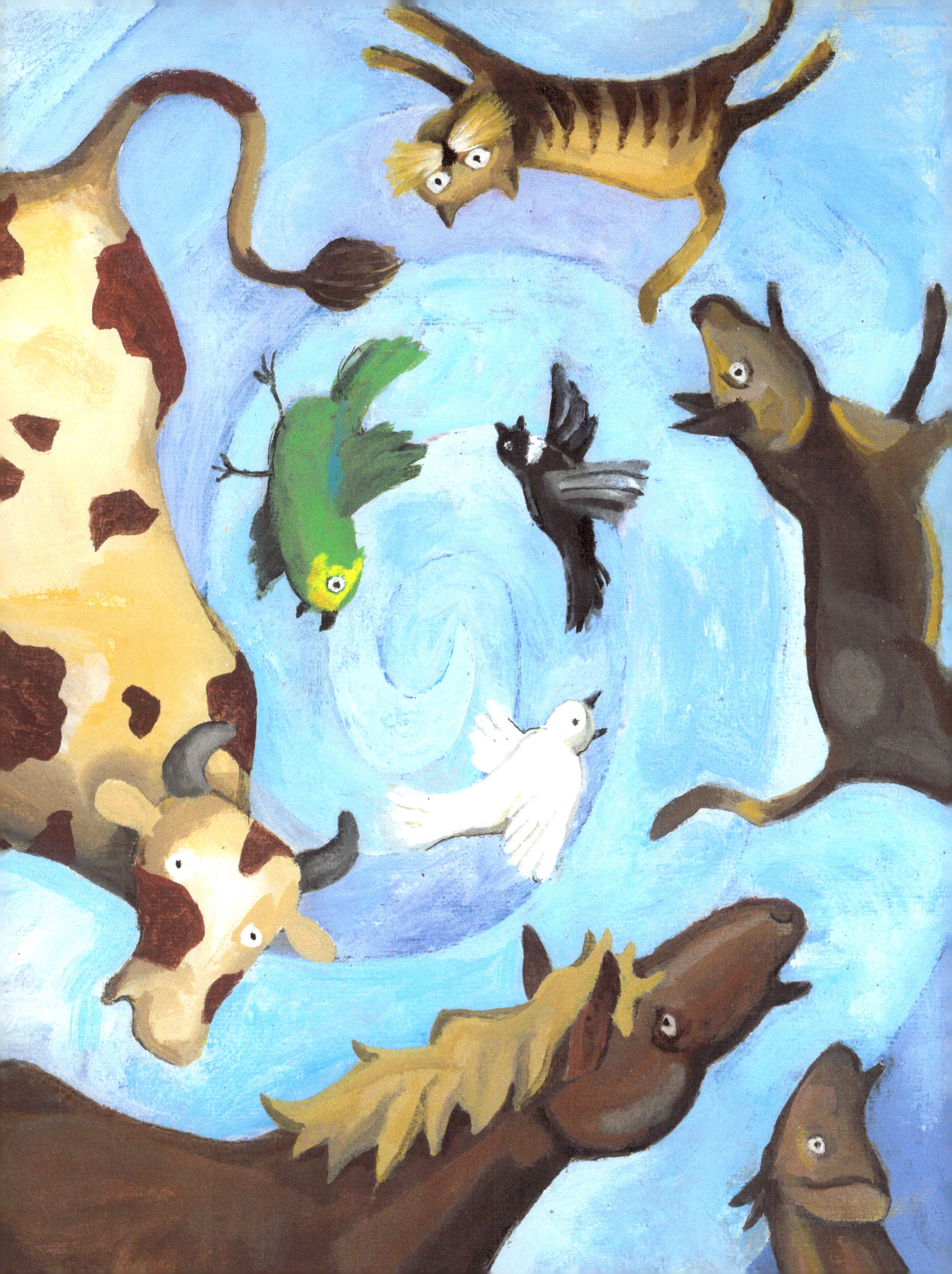

A andorinha viu um homem descansando embaixo de uma árvore e tratou de avisar:

– Corre, corre, compadre homem, que o mundo vai se acabar!

– Quem foi que lhe disse, comadre andorinha?

– Quem me disse foi comadre pomba,
quem disse a comadre pomba foi compadre cavalo,
quem disse a compadre cavalo foi comadre vaca,
quem disse a comadre vaca foi compadre papagaio,
quem disse a compadre papagaio foi compadre gato,
quem disse a compadre gato foi compadre cachorro,
quem disse a compadre cachorro foi comadre cabra,
quem disse a comadre cabra foi compadre porco,
quem disse a compadre porco foi compadre peru,
quem disse a compadre peru foi compadre marreco,
quem disse a compadre marreco foi compadre pato,
quem disse a compadre pato foi compadre galo,
quem disse a compadre galo foi comadre galinha,
quem disse a comadre galinha foi seu cocuruto
que tudo adivinha...

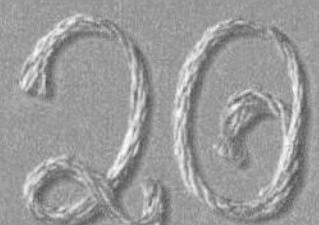

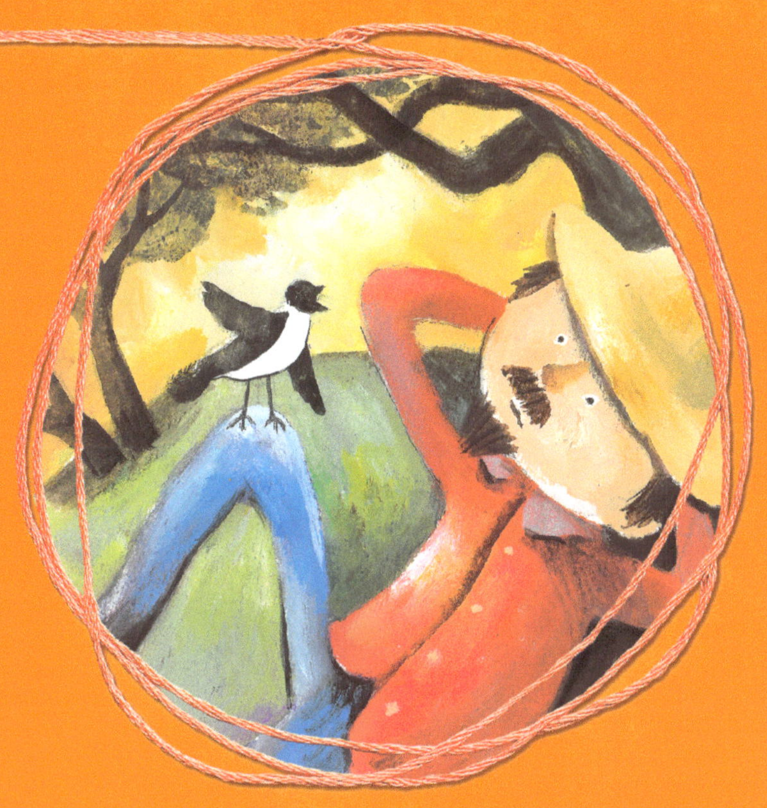

Quando chegava nessa hora de contar a história, era difícil lembrar de todos os bichos na ordem certa. De cada vez que a vovó contava, ela inventava uns bichos diferentes.

Às vezes falava em coelho, em rato, em jumento, ficava complicado... Mas aí já estava chegando o final e ficava mais fácil.

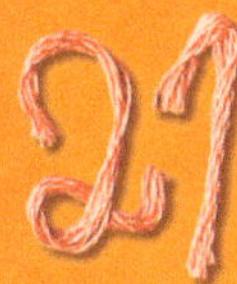

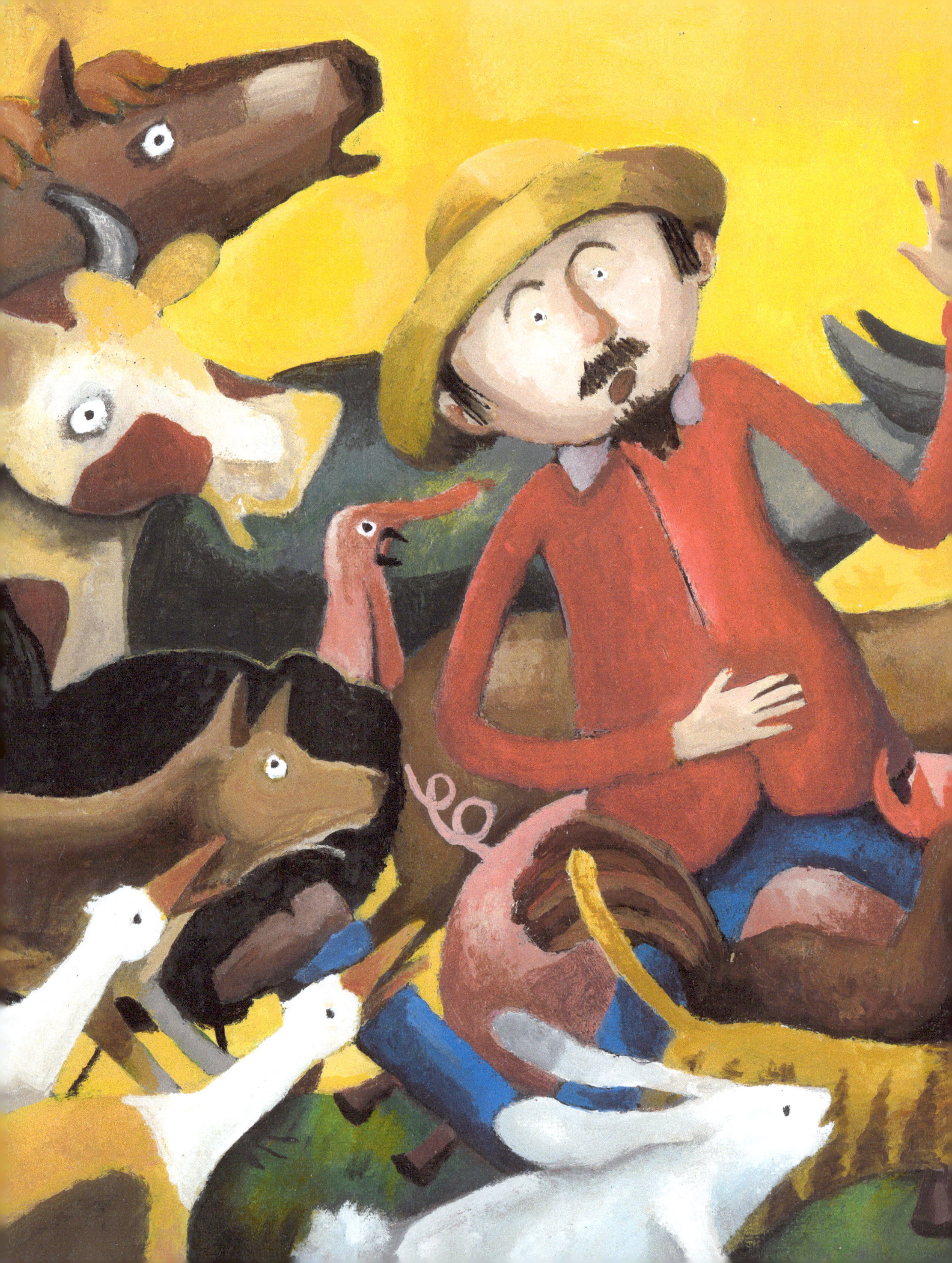

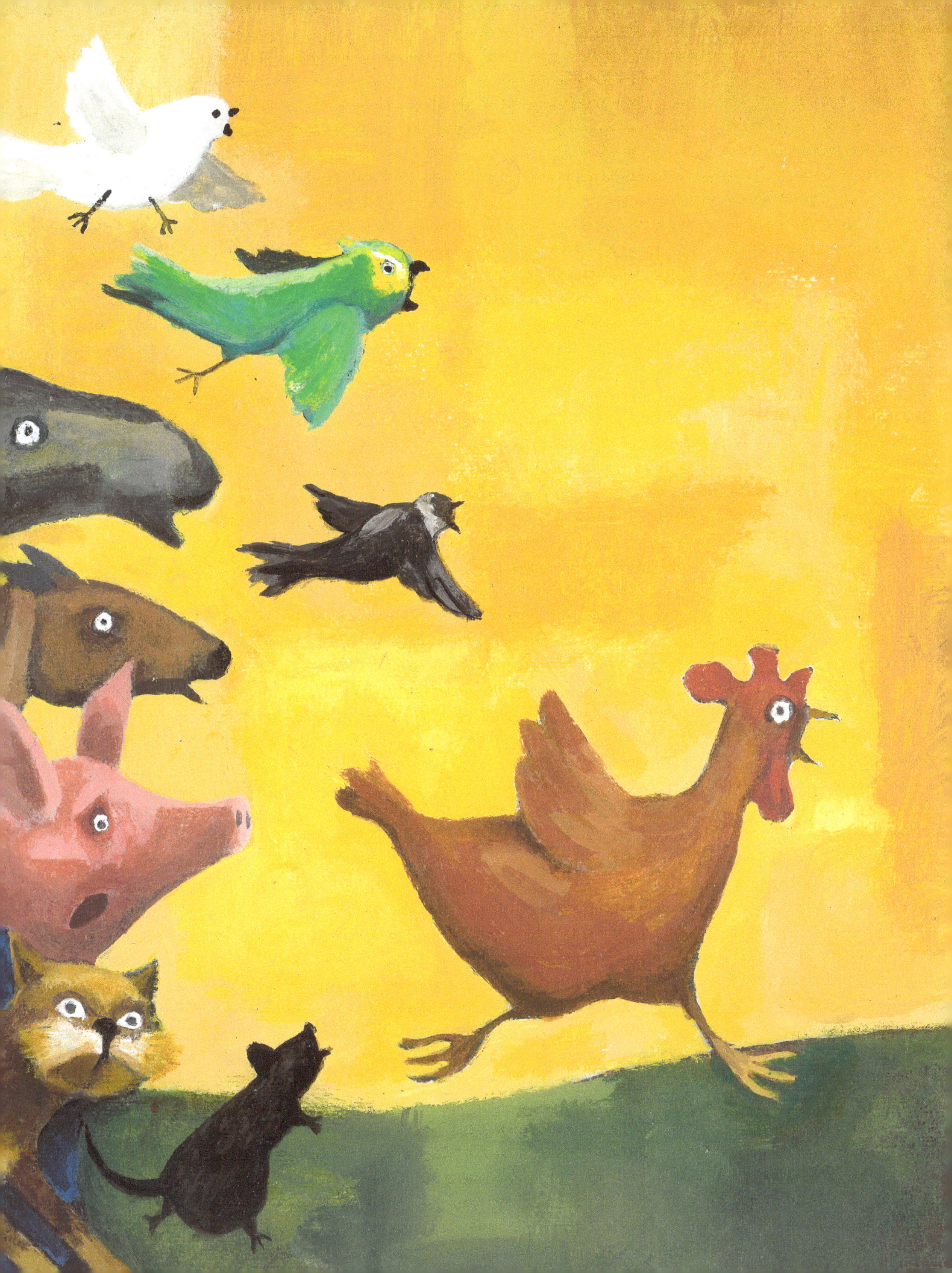

E o final era mais ou menos assim:

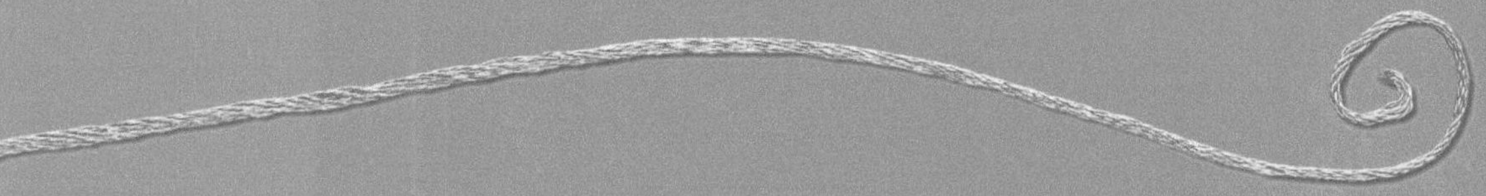

– Então o homem olhou e viu aquele monte de bichos correndo enfileirados, um atrás do outro. E achou mesmo que o mundo estava se acabando e o melhor era correr atrás da bicharada, mesmo sem saber para onde. E saiu correndo. Aí tiveram que atravessar uma velha ponte de tábuas em cima de um córrego. Uma tábua estava meio solta, o homem pisou de mau jeito, caiu e quebrou a perna.

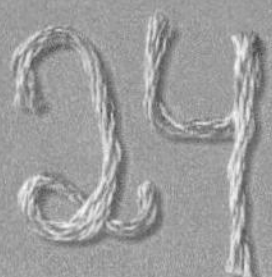

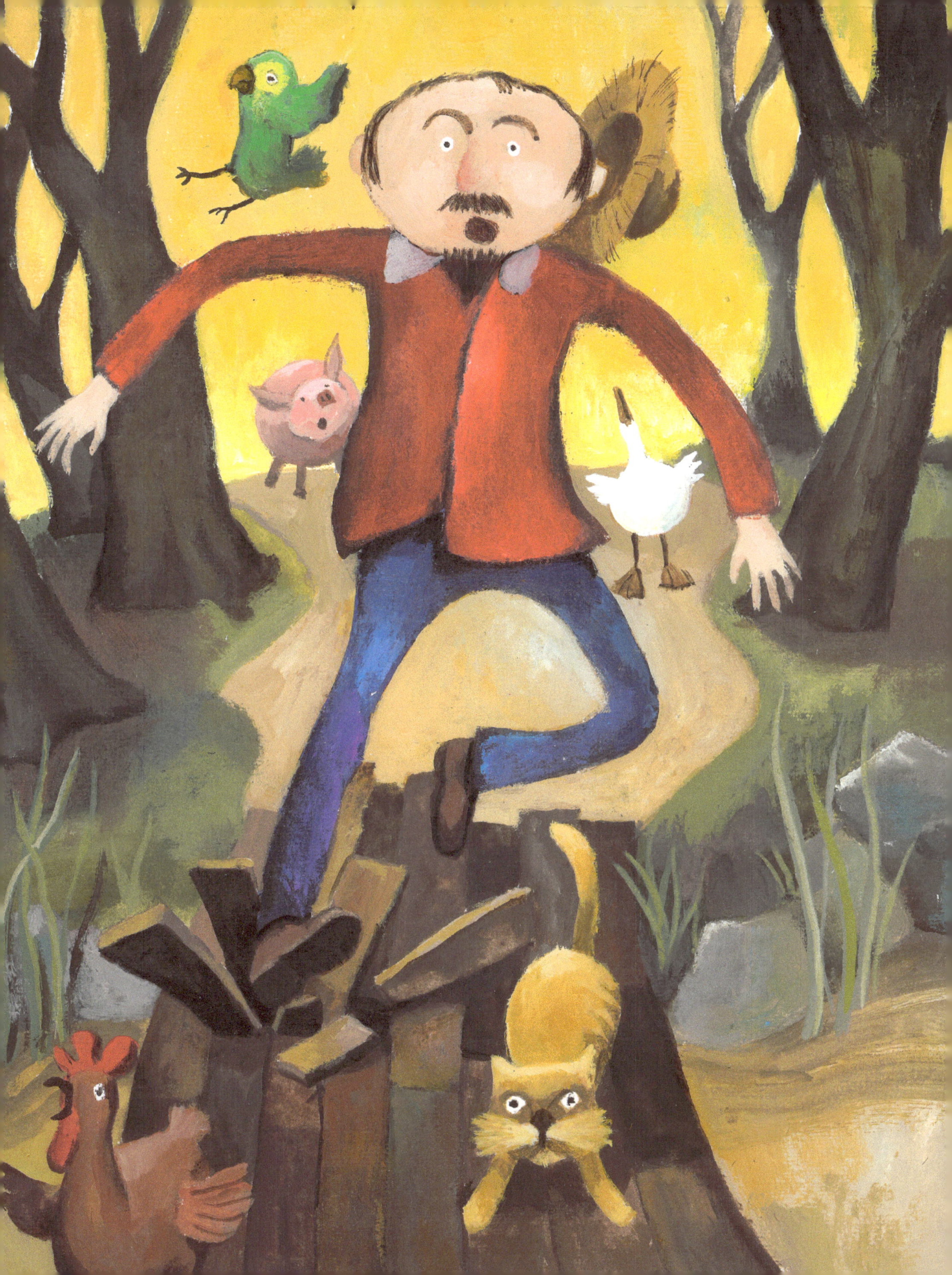

Os bichos todos pararam em volta, com pena dele, e começaram a discutir:

– Viu só? Você é que foi o culpado... Se não tivesse vindo com essa correria apavorada...

– Eu, não, eu só disse para você que o compadre me disse...

– Não, a culpa é dela...

E se dividiram em dois grupos, uns acusando a galinha porque tinha começado tudo, outros apontando a andorinha, que tinha ido assustar o homem, coitadinho dele.

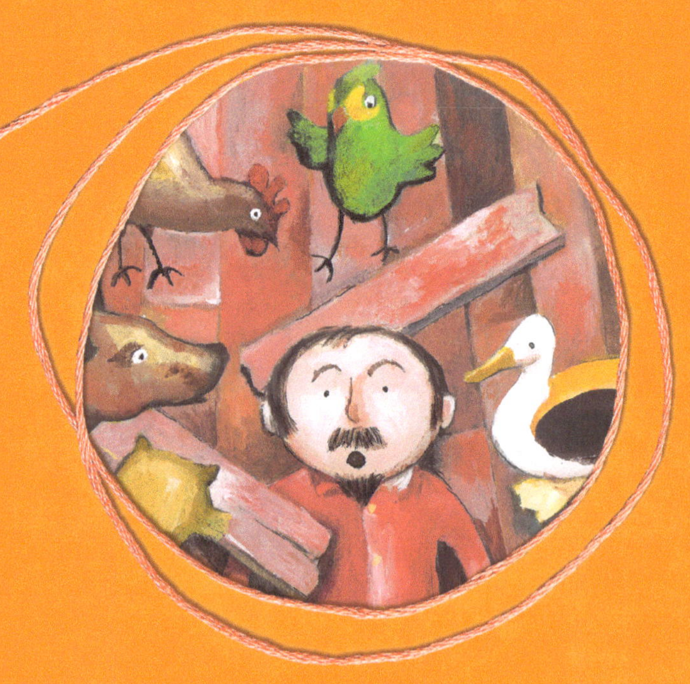

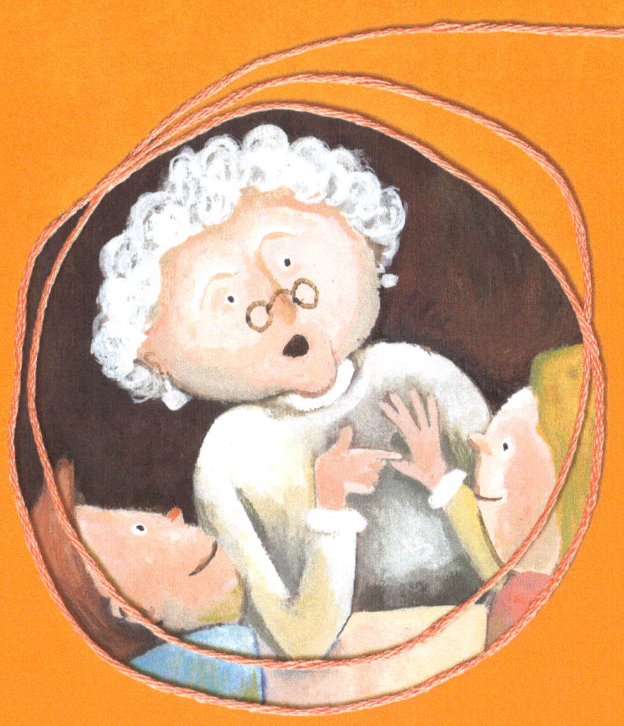

E quando chegava nesse ponto da história, vovó olhava para a criançada toda reunida e perguntava:

– E de quem vocês acham que é a culpa?

Aí a gente aprendia que a história pode ter muitos finais diferentes.

Se alguém dizia que a culpa era da andorinha, logo ouvia de volta:

– Cabeça de vento é quem assim tão mal adivinha...

Se alguém dizia que a culpa era da galinha, logo ouvia de volta:

– Titica na cabeça tem quem assim tão mal adivinha...

E só depois de ouvir a história muitas vezes sem nunca adivinhar bem, é que um dia um de nós teve a ideia de dizer que a culpa era do homem, que não tinha nada que sair por aí feito um bobo correndo atrás de uma fileira de bichos, com medo de o mundo se acabar:

– A culpa é do homem!

– Isso mesmo! Quem apavorado some bem depressa se consome.

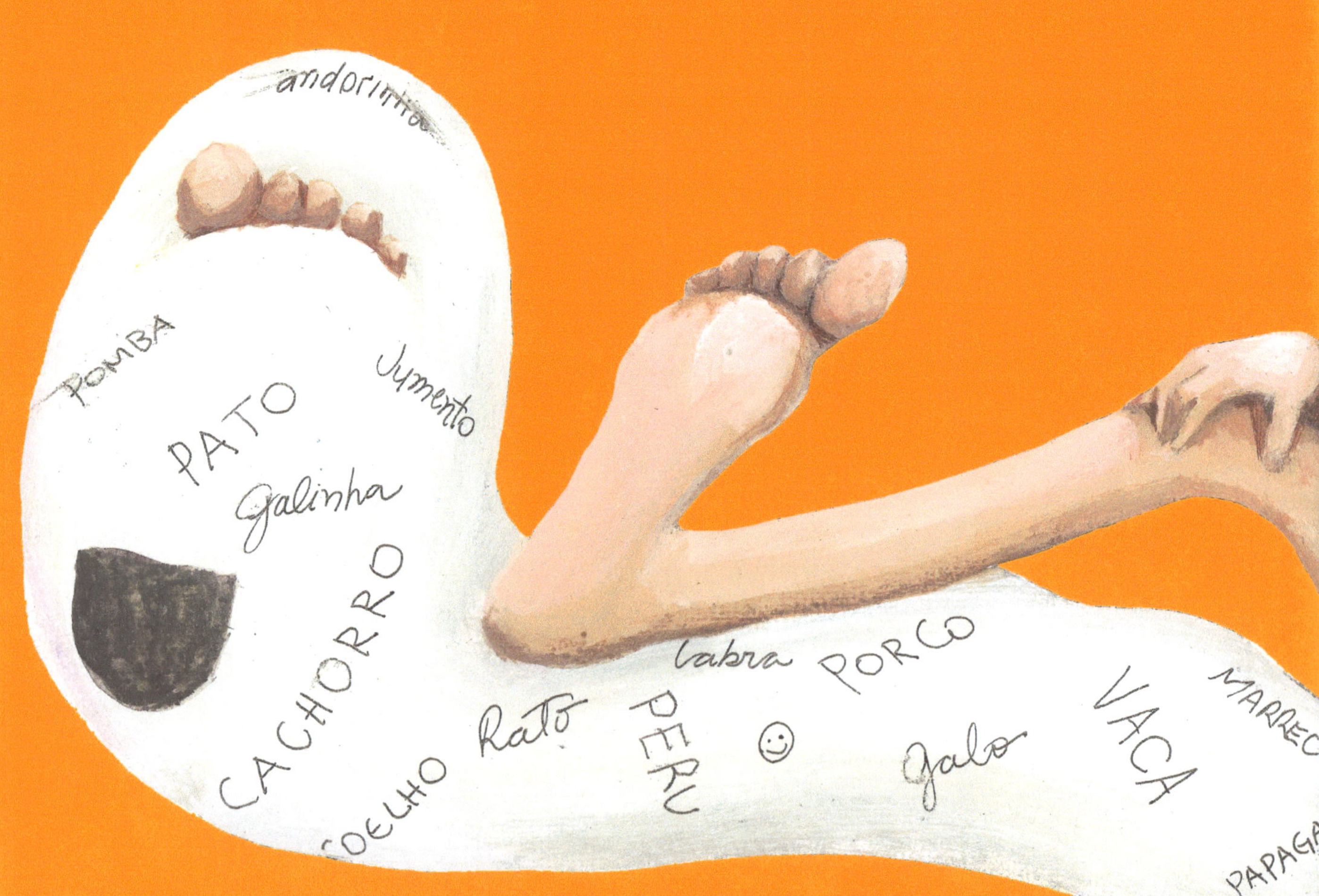

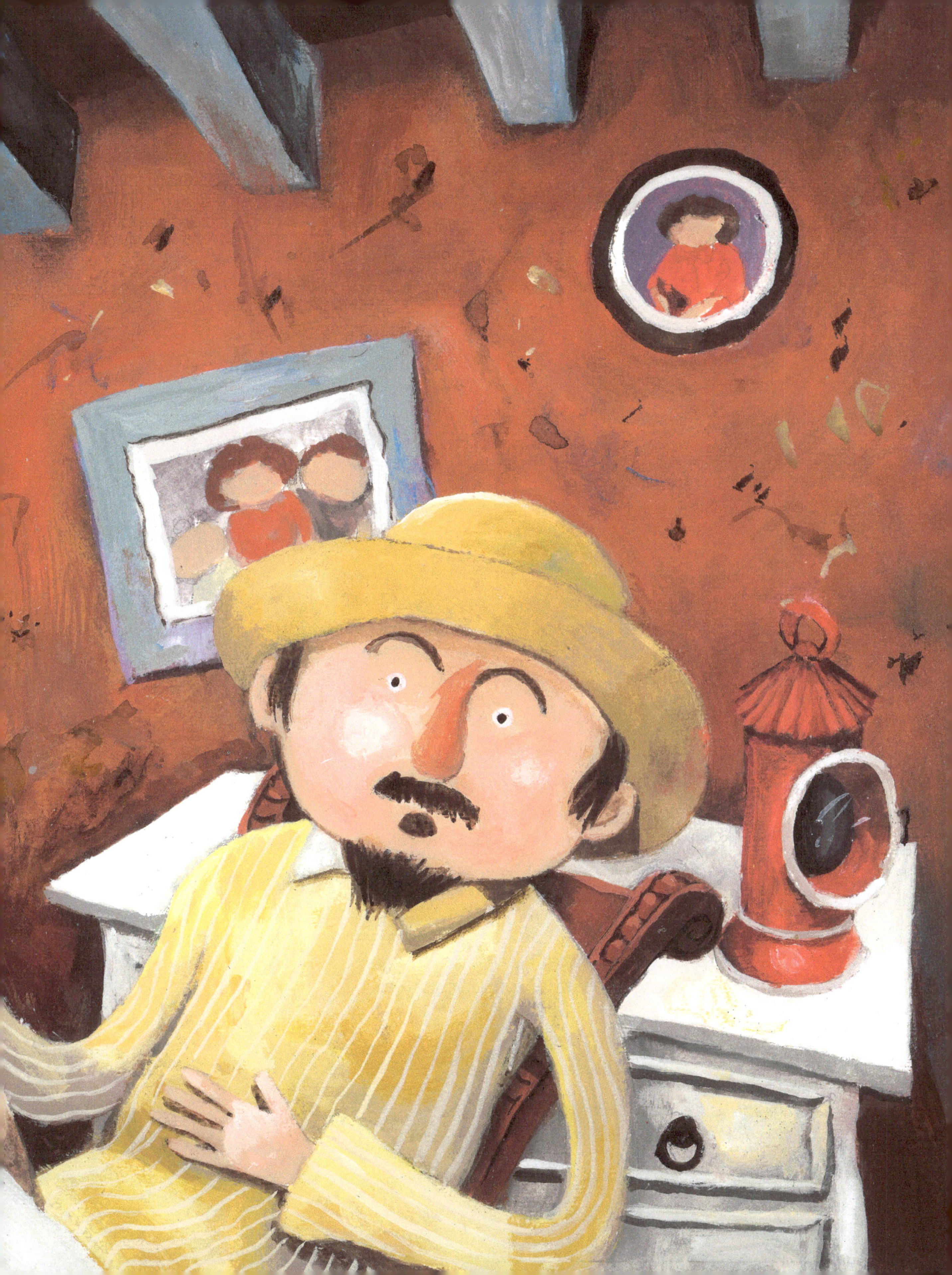

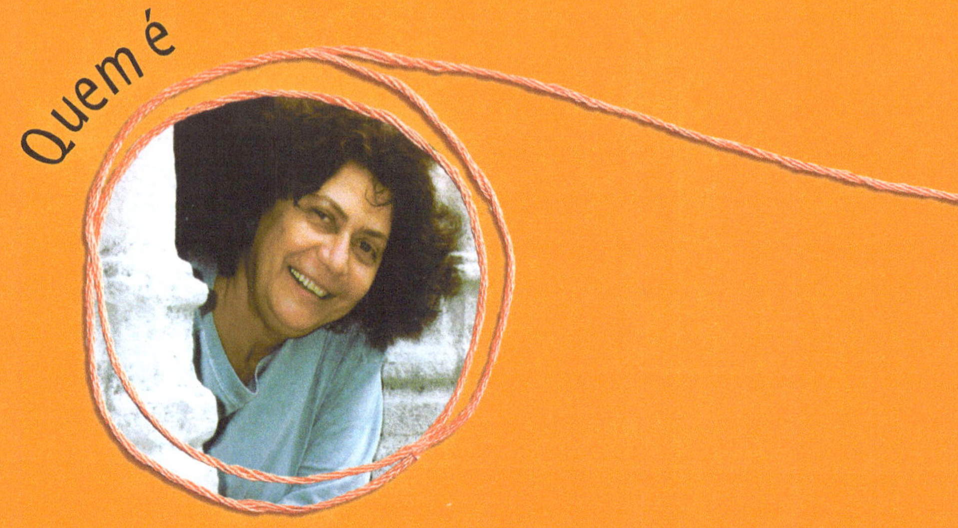

Ana Maria Machado

Meu nome é Ana Maria Machado e eu vivo inventando histórias. Algumas delas, eu escrevo. E dessas que eu escrevo, algumas andam virando livros. Em sua maioria, livros infantis, quer dizer, livro que criança também pode ler. Adoro meu trabalho. Ainda bem, porque acho que não ia conseguir viver se não escrevesse. Tanto assim que já fui professora, já fui jornalista (já fui até chefe de uns trinta jornalistas ao mesmo tempo), já fiz programa de rádio e acabei largando tudo para só viver de livro.

Coisas de que gosto: gente, mar, sol, natureza em geral, música, fruta, salada, cavalo, dançar, carinho. Coisas que eu não aguento: qualquer forma de injustiça ou prisão e gente que quer cortar a alegria dos outros. Mas isso nem precisava dizer – é só ler meus livros que todo mundo fica sabendo.

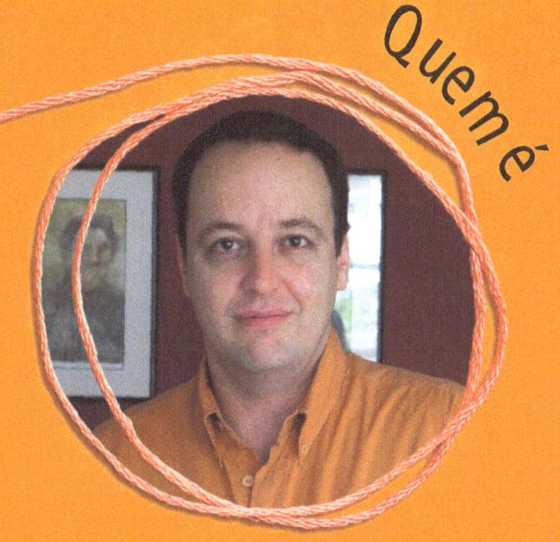

Roberto Weigand

Nasci em São Paulo, em 1968. Logo, minha família mudou-se para um sítio em Jundiaí (SP), onde passei minha infância brincando em pomares, montando a cavalo, ouvindo as histórias e o folclore da região e, principalmente, desenhando muito.

Em 1997, voltei para a capital paulista para cursar Arquitetura na Universidade de São Paulo, mas a minha fascinação pela união da palavra escrita com o desenho me levou a outro caminho. Passei a ilustrar jornais, livros e revistas. Trabalho atualmente editando graficamente a capa de uma revista semanal, de circulação nacional.

Matheus, meu primeiro filho, nasceu em 1998 e foi minha inspiração para o universo da literatura infantil. Hoje, fico muito contente quando tenho a oportunidade de entrar no universo da criança, ajudando a desenvolver sua criatividade e sua relação com o mundo, como neste livro.

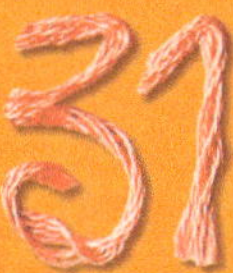

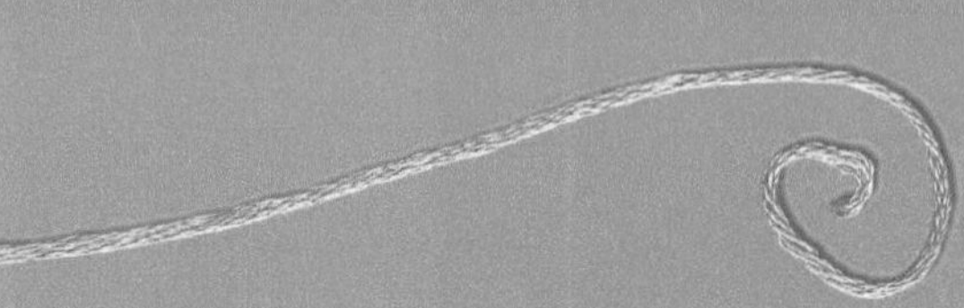

EDITORA FTD S.A.
Matriz: Rua Rui Barbosa, 156 (Bela Vista) São Paulo – SP – CEP 01326-010
Tel. (0xx11) 3253-5011 – Fax (0xx11) 3598-6000 – Caixa Postal 65149 – CEP da Caixa Postal 01390-970
Internet: www.ftd.com.br – E-mail: projetos@ftd.com.br

Gerente editorial Ceciliany Alves **Editora** Dulcy Grisolia **Editora assistente** Miriam Chinalli **Coordenadora de revisão** Elvira da Rocha Kurata **Preparadores e revisores de texto** Adolfo José Facchini, Jane dos Santos Coelho Taniguchi, Regina Célia Barrozo **Editora de arte** Glair Alonso Arruda **Projeto gráfico (capa e miolo)** Glair Alonso Arruda **Ilustrador** Roberto Weigand **Diagramadores** Fabiano dos Santos Mariano, Sheila Moraes Ribeiro, Oséias Dias Sanches **Assistente editorial** Lilia Pires **Digitadora** Maria Lamano
Editoração eletrônica *Finalização* Alceu Medeiros, Andréa Wolff Gowdak Noto e Isabel Cristina C. Marques *Coordenação* Carlos Rizzi e Reginaldo Soares Damasceno

Dados Internacionais de Catalogação na Publicação (CIP)
(Câmara Brasileira do Livro, SP, Brasil)

Machado, Ana Maria
Pimenta no cocuruto / Ana Maria Machado ; ilustrador Roberto Weigand. — São Paulo : FTD, 2003. (Coleção conta de novo)

1. Literatura infantojuvenil I. Weigand, Roberto. II. Título. III. Série.

03-1815 CDD-028.5

Índices para catálogo sistemático:
1. Literatura infantil 028.5
2. Literatura infantojuvenil 028.5

www.ingramcontent.com/pod-product-compliance
Lightning Source LLC
LaVergne TN
LVHW070153230826
846093LV00002B/20
9788532250704